HOTEL DROUOT, SALLE N°

à deux heures et demie

DESSINS, AQUARELLES, PASTELS

DE

L'ECOLE FRANÇAISE DU XVIII SIÈCLE

PROVENANT DE LA

Collection de M. C. MAGNE. de Marseille

OU APPARTENANT A DIVERS

COMMISSAIRE-PRISEUR

M° PAUL CHEVALLIER

EXPERT

M. JULES FÉRAL

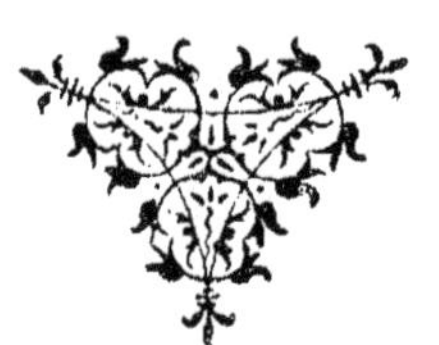

CATALOGUE

DE

Dessins, Aquarelles, Pastels

EN MAJEURE PARTIE DE

L'ÉCOLE FRANÇAISE DU XVIIIᵉ SIÈCLE

PEINTURES, MINIATURES, GRAVURES

Œuvres de

BOILLY, BOUCHER, Mᴸᴸᴱ CAPET
CARMONTELLE, FREUDEBERG, GREUZE, HUET
LOUTHERBOURG, MALLET, MARILLIER, Mᴸᴸᴱ MAYER
MONNET, NATOIRE, H. ROBERT, SWEBACH
TRINQUESSE, VERNET, VINCENT, ETC., ETC.

Provenant de la

Collection de M. C. MAGNE, de Marseille

OU APPARTENANT A DIVERS

ET DONT LA VENTE AURA LIEU

HOTEL DROUOT, SALLE Nᵒ 7

Le Samedi 25 Janvier 1902

A DEUX HEURES ET DEMIE

COMMISSAIRE-PRISEUR	EXPERT
Mᵉ PAUL CHEVALLIER	**M. JULES FÉRAL**
10, rue Grange-Batelière, 10	54, Faubourg Montmartre, 54

EXPOSITION PUBLIQUE

Le Vendredi 24 Janvier 1902, de 1 h. 1/2 à 5 h. 1/2

CONDITIONS DE LA VENTE

———

Elle sera faite au comptant.

Les Acquéreurs paieront **Dix pour cent** en sus des prix d'adjudication.

———

COLLECTION C. MAGNE

Dessins — Aquarelles — Pastels
GRAVURES

BOILLY (L.)

1 — *Portrait d'homme en buste.*

> A l'estompe, de forme ovale.
> Signé et daté.
>
> Haut., 25 cent.; larg., 20 cent.

BOISSIEU (J. DE)

2 — *La Ferme.*

> Encre de Chine rehaussée de blanc, sur papier gris.
> Signé des initiales. Gravé.
>
> Haut., 17 cent.; larg., 24 cent.

BOISSIEU (J. DE)

3 *Trois figures en bustes.*

Plume.

Haut., 7 cent.: larg., 10 cent.

BOUCHER (F.)

(ATTRIBUÉ A)

4 *Jeune Femme étendue.*

Crayon noir rehaussé de blanc, sur papier gris.

Haut., 25 cent.: larg., 39 cent.

BOUCHER (F.)

(D'APRÈS)

5 *Le Duo.*

Crayon noir, sur papier gris.

Haut., 39 cent.: larg., 32 cent.

CAPET (Marie)

6 *Portrait de Marie-Joseph Chénier.*

A mi-corps, de trois quarts vers la droite, les cheveux noirs en désordre, une cravate blanche autour du cou, vêtu d'un habit de drap jaunâtre, il tient à la main droite un rouleau de papier à couverture bleue.

Beau pastel d'une remarquable exécution.

Haut., 71 cent.: larg., 57 cent.

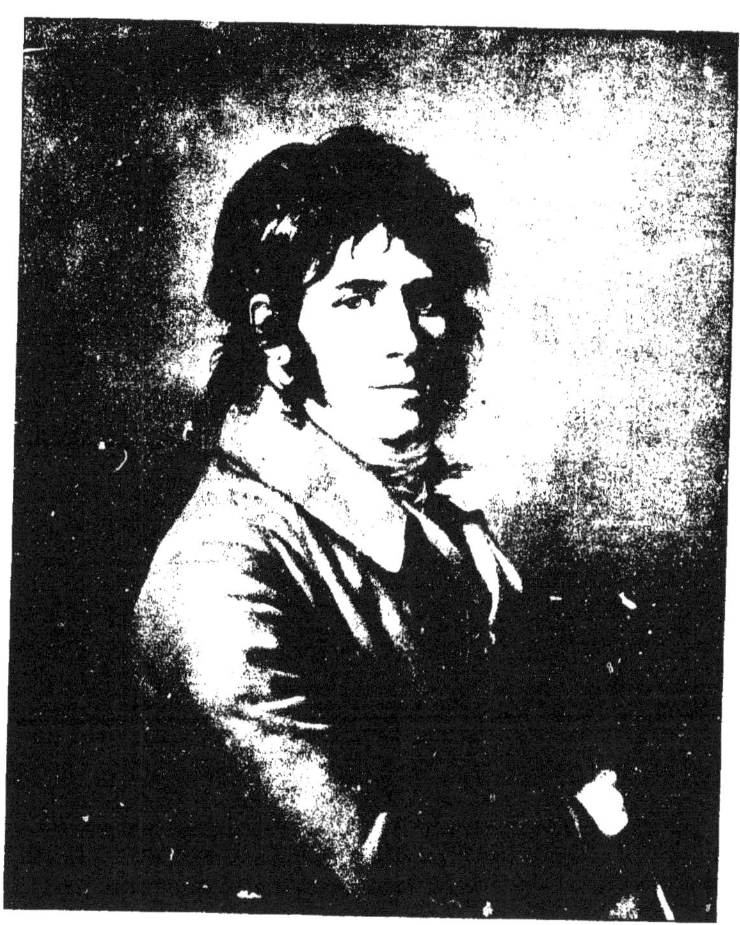

MARIE CAPET. — Portrait de Joseph Chénier

CARESME (J.-P.)

7 — *Frise.*

Plume et encre de Chine.

Haut., 11 cent ; larg., 55 cent.

CHARLET

(ATTRIBUÉ A)

8 — *Un Grenadier.*

Bistre rehaussé de blanc.

Haut., 25 cent.; larg., 19 cent.

COCHIN (N.)

9 — *Les Amours de Vénus.*

Composition pour un ballet.
Sanguine.
Signé à gauche.

Haut., 10 cent.; larg., 18 cent.

CONSTANTIN

10 — *L'Offrande à l'Amour.*

Plume et encre de Chine.

Haut., 43 cent.; larg., 28 cent.

DANDRÉ-BARDON

11 — *Le Billet doux.*

Aux trois crayons, sur papier gris.

Haut., 22 cent.; larg., 28 cent.

DEBUCOURT

(ATTRIBUÉ A)

12 — *La Promenade dans le parc.*

Aquarelle et lavis d'encre de Chine.

Haut., 17 cent.; larg., 22 cent.

DESPORTES

(ATTRIBUÉ A)

13 — *Loup attaqué par des chiens.*

Aquarelle.

Haut., 10 cent.; larg., 16 cent.

DROUAIS

(ATTRIBUÉ A)

14 — *Jeune Fille portant des fleurs.*

Gracieux pastel.

Haut., 55 cent.; larg., 45 cent.

DROUAIS

(D'APRÈS)

15 — *Portrait de femme.*

Pastel de forme ovale.

Haut., 29 cent.; larg., 24 cent.

EISEN

16 — *Vignette.*

Mine de plomb.

Signé et daté : 1770.

Haut., 6 cent.; larg., 10 cent.

FRAGONARD

(ATTRIBUÉ A)

17 — *Samson et Dalila.*

Plume et sépia rehaussée de blanc.

Haut., 20 cent.; larg., 25 cent.

FREUDEBERG (S.)

18 — *Le Négociant ambulant.*

Jolie composition, gravée par Ingouf en 1777.

Aquarelle.

Signé en haut, à gauche.

Haut., 23 cent.; larg., 28 cent.

FREUDEBERG S.,

19 — *Scène d'intérieur.*

Lavis d'encre de Chine.

Haut., 19 cent.; larg., 16 cent.

GRANDJEAN

20 — *Une Fête à Bacchus.*

Aquarelle.

Signé.

Haut., 26 cent.; larg., 36 cent.

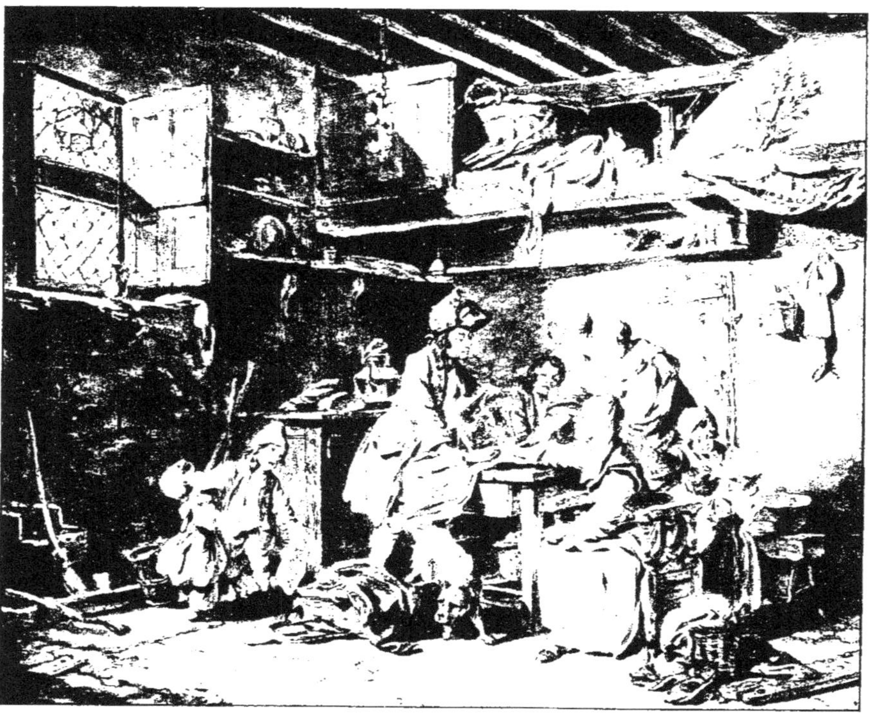

FREUDEBERG (S.). — *Le Négociant ambulant.*

GREUZE

21 — *La Fille coupable et repentie.*

Important dessin à l'encre de Chine.

Haut., 48 cent.; larg., 64 cent.

HUET (J.-B.)

22 — *Bergers et animaux.*

Crayon noir rehaussé de blanc, sur papier gris.
De forme ovale.
Signé et daté : *1772.*

Haut., 24 cent.; larg., 34 cent.

HUET (J.-B.)

23 — *L'Amour fustigé.*

Plume et lavis de bistre.
Signé et daté : *1780.*

Haut., 17 cent.; larg., 23 cent

KRAUS

24 — *L'Entretien galant.*

Signé.
Crayon noir rehaussé de blanc, sur papier gris.

Haut., 41 cent.; larg., 31 cent.

LABILLE-GUIARD

(ATTRIBUÉ A Mme)

25 — *Portrait de femme.*

Pastel.

Haut., 53 cent.; larg., 41 cent.

LAGRENÉE

26 — *Nymphes et satyre.*

Aquarelle.

Haut., 38 cent.; larg., 45 cent.

LÉPICIÉ

(D'APRÈS)

27 — *Portrait de jeune garçon.*

Pastel de forme ovale.

Haut., 53 cent.; larg., 43 cent.

LORRAIN (Cl.)

(GENRE DE)

28 — *Vue de l'ancien port de Gênes.*

Encre de Chine.

Haut., 16 cent.; larg., 22 cent.

LOUTHERBOURG (P.-J.)

29 — *Le Repos des bergers.*

Beau dessin à la sépia.
Signé et daté : *1768.*

Haut., 37 cent.; larg., 55 cent.

MARILLIER

3o — *Vignette.*

Plume et sépia.

Haut., 11 cent.; larg., 8 cent.

MARILLIER

(ATTRIBUÉ A)

31 — *La Présentation de la fiancée.*

> Encre de Chine.

> Haut., 29 cent.; larg., 36 cent.

MAYER Mlle Constance

32 — *Le Piège.*

> Composition gravée.
> Crayon noir et estompe.

> Haut., 34 cent.; larg., 27 cent.

MONNET C.

33 — *Pygmalion et Galatée.*

> Bistre rehaussé de blanc.
> Signé et daté : 1762.

> Haut., 37 cent.; larg., 28 cent.

NATOIRE Ch.

34 — *Apothéose de P. Mariette.*

> Pastel.

> Haut., 39 cent.; larg., 31 cent.

NATOIRE (Ch.

35 — *Diane et un Amour.*

> Sanguine.
> Signé des initiales.

> Haut., 22 cent.; larg., 17 cent.

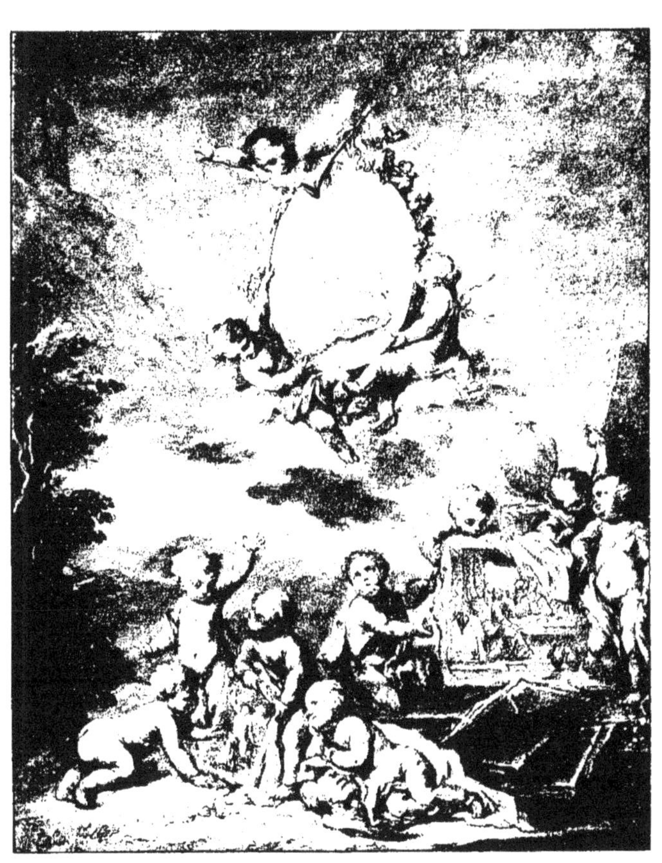

NATOIRE (C.) — Apothéose de P. Mariette.

OUDRY (J.-B.)

36 — *Le Charlatan.*

Sanguine.
Signé à droite.

Haut., 28 cent.; larg., 22 cent.

OUDRY (J.-B.)

37 — *Étude de poules.*

Crayon noir rehaussé de blanc, sur papier bleu.
Signé et daté : *1762.*

Haut., 19 cent.; larg., 24 cent.

PARROCEL (I.-J.)

38 — *Le Billet doux.*

Encre de Chine.
Signé des initiales et daté : *1730.*

Haut., 24 cent.; larg., 16 cent.

PERRONNEAU (J.-B.)

(ATTRIBUÉ A)

39 — *Portrait de Cagliostro.*

Pastel.

Haut., 57 cent.; larg., 48 cent.

PIERRE (J.-B.)

40 — *Sujet tiré des* Contes de Lafontaine.

Bistre.

Haut., 26 cent.; larg., 20 cent.

POUSSIN

(ATTRIBUÉ A)

41 — *Mort de Dronicius.*

Plume et encre de Chine.

Haut., 52 cent.; larg., 51 cent.

RAPHAEL

(GENRE DE)

42 — *Figures d'anges.*

On lit au dos : « Trouvaille d'un dessin de Raphael, que j'estime cent cinquante francs, signé : *Lethière, directeur de l'Académie.* »

Sanguine.

Haut.. 27 cent.; larg.. 40 cent.

ROBERT (Hubert)

43 — *Ruines et personnages.*

Aquarelle.
Signé et daté : *1772.*

Haut., 46 cent.; larg., 65 cent.

ROOS (H.)

44 — *Bergers et leurs troupeaux.*

Sanguine.
Signé et daté : *1662.*

Haut., 39 cent.; larg., 52 cent.

SCHENAU

45 — *La Toilette.*

> Aquarelle.
> Signé à droite.
>
> Haut., 33 cent.; larg., 25 cent.

SÉBASTIEN BOURDON

46 — *Sujet biblique.*

> Lavis d'encre de Chine.
>
> Haut., 13 cent.; larg., 19 cent.

SWEBACH-DESFONTAINES

47 — *La Mariée de village.*

> Aquarelle.
> Signé et daté : *1788.*
>
> Haut., 34 cent.; larg., 36 cent.

SWEBACH Fils

48 — *Fête de village.*

> Aquarelle.
>
> Haut., 34 cent.; larg., 47 cent.

TRINQUESSE

49 — *Femme assise, de profil à gauche.*

> Sanguine.
> Signé : *Trinquesse fecit, le 12 juillet 1772.*
>
> Haut., 37 cent.; larg., 28 cent.

VAN LOO (Carle)

50 — *Portrait d'un abbé.*

> Pastel.
> Signé et daté : 1742.

> Haut., 45 cent.; larg., 36 cent.

VERDUSSEN

51 — *Le Ralliement.*

> Crayon noir rehaussé de blanc, sur papier bleu.

> Haut., 30 cent.; larg., 48 cent.

VERNET (Carle)

52 — *La Toilette du clerc de procureur.*

> Aquarelle.
> A été gravé.
> Signé à gauche.

> Haut., 30 cent.; larg., 25 **cent.**

VERNET (Carle)

53 — *Les Joueurs de palets.*

> Encre de chine.

> Haut., 29 cent.; larg., 23 cent.

VERNET (Carle)

(ATTRIBUÉ A)

54 — *Étude de chiens.*

> Crayon noir rehaussé de blanc, sur papier gris.

> Haut., 17 cent.; larg., 21 cent.

VERNET (J.)

55 — *Marine, effet de clair de lune.*

Belle et importante gouache.

Signé et daté : *1772.*

Haut., 52 cent.; larg., 72 cent.

VINCENT

56 — *La Jolie parfumeuse.*

Crayon noir et sanguine.

Haut., 45 cent.; larg., 36 cent.

ÉCOLE FRANÇAISE

57 — *La Partie de pêche.*

Gouache.

Haut., 16 cent.; larg., 23 cent.

ÉCOLE FRANÇAISE

58 — *L'Amour peintre.*

Sanguine rehaussée de blanc.

Haut., 24 cent.; larg., 32 cent.

ÉCOLE FRANÇAISE

59 — *Monument dans un parc animé de figures.*

Aquarelle.

Haut., 38 cent.; larg., 55 cent.

60 — Plusieurs miniatures de l'École française.
Ce numéro sera divisé.

61 — *Le Doux repos des bergers.*
Gravure par Laurent.

62 — *Le Tambourin.*
Gravure d'après Taunay.

63 — *L'Aveu difficile.*
Gravure d'après Lavreince.

64 — *Le Bal paré.*
Gravure d'après Aug. de Saint-Aubin.

PEINTURES

MONTICELLI

65 — *Le Fauconnier.*
Étude sur bois.
Haut., 30 cent.; larg., 17 cent.

WATTEAU
(GENRE DE)

66 — *Le Singe artiste.*
Bois. Haut., 35 cent.; larg., 26 cent.

Dessins — Aquarelles — Pastels

APPARTENANT A DIVERS

BOILLY

67 — *Jeune Fille debout.*

Sépia.

Haut., 25 cent.; larg., 19 cent.

BOUCHER

68 — *La Mère de famille.*

Crayon noir rehaussé de blanc, sur papier gris.

Haut., 3o cent. ; larg., 2o cent.

(Collection du marquis de Chennevières.)

BOUCHER

(ÉCOLE DE)

69 — *Jeune Femme tenant un amour dans ses bras.*

Pastel de forme ovale.

Haut., 62 cent.; larg., 54 cent.

BOUCHER
(ÉCOLE DE)

70 — *L'Offrande à l'amour.*

Pastel de forme ovale.

Haut., 64 cent.; larg., 52 cent.

BOUCHER
(D'APRÈS)

71 — *Jeune Fille en buste.*

Aux crayons de couleurs.

Haut., 25 cent.; larg., 18 cent.

BOYNE (J.)

72 — *Un Comédien anglais.*

Aquarelle.
Signé à droite.

Haut., 20 cent.; larg., 13 cent.

CARMONTELLE

73 — *Portrait de Mme la duchesse de Chaulnes, née Luynes.*

Dessin rehaussé d'aquarelle

Haut., 33 cent.; larg., 19 cent.

DANLOUX

(ATTRIBUÉ A)

74 — *Portrait d'homme.*

Crayon noir rehaussé de sanguine.

Haut., 14 cent.; larg., 10 cent.

DAVID

(ÉCOLE DE)

75 — *Portrait présumé de Mme Roland.*

Dessin aux trois crayons.

Haut., 19 cent.; larg., 15 cent.

DAVID

(ÉCOLE DE)

76 — *Portrait d'une famille royale.*

Dessin en forme de médaillon.
Bistre.

Haut., 24 cent.; larg., 17 cent.

DUMONSTIER (E.)

(GENRE DE)

77 — *Jeune Fille en buste.*

Crayons de couleurs.

Haut., 16 cent.; larg., 14 cent.

GUÈS

78 — *Portrait de Mme la comtesse de Villeneuve.*

> Crayon noir rehaussé de pastel.
> Signé.

> > Haut., 25 cent.; larg., 17 cent.

GUÈS

79 — *Portrait de M. Garella, ingénieur en chef.*

> Crayon noir rehaussé de pastel.
> Signé.

> > Haut., 26 cent.; larg., 20 cent.

HUET (J.-B.)

80 — *Le retour du marché.*

> Remarquable dessin de la meilleure qualité de l'artiste.
> Crayon noir et sanguine.
> Cadre en bois sculpté.
> Signé et daté : *1770.*

> > Haut., 31 cent.; larg., 46 cent.

> *(Collection Marmontel.)*

LABILLE-GUIARD (Mme)

81 — *Femme assise, vue de profil.*

> Crayon noir rehaussé de blanc, sur papier gris.
> Signé et daté : *1789.*

> > Haut., 50 cent.; larg., 41 cent.

LE CHEVALIER SIXE

82 — *Portrait de jeune Femme en bergère.*

Pastel.

Signé et daté : *1742.*

Haut., 56 cent.; larg., 47 cent.

LIOTARD

(GENRE DE)

DEUX PENDANTS

83 — *Jeune Femme dans un intérieur.*

84 — *Jeune Dame et Fillette.*

Gouaches.

Haut., 31 cent.; larg., 25 cent.

MALLET

85 — *Intérieur italien.*

Gouache.

Haut., 21 cent.; larg., 33 cent.

MARÉCHAL

(GENRE DE)

86 — *Parc avec figures.*

Sépia.

Haut., 12 cent.; larg., 20 cent.

MONSIAU

87 — *Portraits présumés de Houdon et de César van Loo, dans un cadre.*

Mine de plomb.

Haut., 13 cent.; larg., 12 cent.

NANTEUIL

88 — *Portrait d'homme.*

Mine de plomb.

Haut., 23 cent.; larg., 18 cent.

OSTADE
(D'APRÈS)

89 — *Intérieur villageois.*

Aquarelle.

Haut., 17 cent.; larg., 15 cent.

OZANNE

90 — *Marine par un temps d'orage.*

Encre de Chine rehaussée de blanc.
Signé à gauche.

Haut., 21 cent.; larg., 35 cent.

PATEL

91 — *Paysages avec ruines et figures.*

Quatre gouaches de formes ovales,
Signées.
Cadre en bois sculpté.

Haut., 27 cent.; larg., 32 cent.

PUJOS (A.)

92 — *Portrait de jeune Femme.*

>A l'estompe.
>Signé et daté : *1785.*

>Haut., 14 cent.; larg., 11 cent.

PUJOS (A.)

93 — *Portrait de Femme.*

94 — *Portrait d'Homme.*

>A l'estompe.
>De forme ovale.
>Signé.

>Haut., 13 cent.; larg., 11 cent.

ROODE (F. de)

95 — *Femme tenant une fillette dans ses bras.*

>Crayon noir rehaussé de sanguine.

>Haut., 20 cent.; larg., 16 cent.

SAINT-AUBIN (G. de)

96 — *Groupe de Femmes implorant les dieux.*

>A la pierre noire, lavé d'encre de Chine.

>Haut., 12 cent.; larg., 16 cent.

SERGENT (A.)

97 — *Portrait du maréchal de Turenne.*

>Aquarelle de forme ovale.
>Signé et daté : *1786.*

>Haut., 15 cent.; larg., 12 cent.

SERGENT (A.)

98 — *Portrait du maréchal de Catinat.*

>Aquarelle de forme ovale.
>Signé et daté : *1787.*

>Haut., 15 cent.; larg., 12 cent.

SERGENT (A.)

99 — *Portrait du maréchal de Lowendall.*

>Aquarelle de forme ovale.
>Signé et daté : *1787.*

>Haut., 15 cent.; larg., 13 cent.

SERGENT (A.)

100 — *Portrait de Blanche de Castille.*

>Crayon noir rehaussé de pastel.
>De forme ovale.
>Signé et daté : *1787.*

>Haut., 15 cent.; larg., 12 cent.

SERGENT (A.)

101 — *Portrait de Blaise de Montluc.*

Crayon noir rehaussé de pastel.
Signé et daté : *1788.*

Haut . 14 cent.; larg., 13 cent

SERGENT (A.)

102 — *Portrait du général Chevert.*

Crayon noir rehaussé de pastel.

Haut., 15 cent.; larg , 12 cent.

TRINQUESSE

103 — *Jeune Femme assise tenant un livre.*

Crayon noir rehaussé de blanc, sur papier gris.
Signé et daté.

Haut., 36 cent.; larg., 27 cent.

(Collection E. Marcille.)

ÉCOLE ALLEMANDE

DEUX PENDANTS

104 — *Portraits d'Homme et de Femme.*

Pastels.

Haut., 72 cent.; larg., 55 cent.

ÉCOLE FRANÇAISE

105 — *Portrait de Femme assise dans un parc.*

Gouache.

Cadre en bois sculpté.

Haut., 34 cent.; larg., 26 cent.

ÉCOLE FRANÇAISE

106 — *Le Géographe.*

Encre de Chine rehaussée d'aquarelle.

Haut., 34 cent ; larg., 25 cent.

ÉCOLE FRANÇAISE

107 — *Portrait de jeune Femme.*

Pastel.

Haut., 57 cent.; larg., 48 cent.

ÉCOLE FRANÇAISE

108 — *Portrait d'Homme, en buste.*

Mine de plomb.

Haut., 10 cent.; larg., 8 cent.

ÉCOLE FRANÇAISE

109 — *Portrait d'Homme, vu de trois quarts à droite.*

Crayon noir.

Diam., 12 cent.

ÉCOLE FRANÇAISE

110 — *Portrait d'Homme.*

Crayon noir et estompe.

Haut., 31 cent.; larg., 25 cent.

www.ingramcontent.com/pod-product-compliance
Ingram Content Group UK Ltd.
Pitfield, Milton Keynes, MK11 3LW, UK
UKHW031724170726
13836UKWH00001B/414